किसी खास का साथ

एक एहसास

अक्षय कुमार

Copyright © Akshay Kumar
All Rights Reserved.

ISBN 979-888530967-7

This book has been published with all efforts taken to make the material error-free after the consent of the author. However, the author and the publisher do not assume and hereby disclaim any liability to any party for any loss, damage, or disruption caused by errors or omissions, whether such errors or omissions result from negligence, accident, or any other cause.

While every effort has been made to avoid any mistake or omission, this publication is being sold on the condition and understanding that neither the author nor the publishers or printers would be liable in any manner to any person by reason of any mistake or omission in this publication or for any action taken or omitted to be taken or advice rendered or accepted on the basis of this work. For any defect in printing or binding the publishers will be liable only to replace the defective copy by another copy of this work then available.

क्रम-सूची

भूमिका	v
लेखक के बारे में	vii
1. ज़िंदगी एक तमाशा	1
2. पहला झटका	5
3. असफलता	8
4. रिश्तों का मायाजाल और एक हादसा	15
5. गिरना और फिर संभलना जरूरी है	23
6. एक नई सफर	28
7. इजहार-ए-इश्क	31
8. कुछ बातें	41

भूमिका

इस पुस्तक को चुनने के लिए बेहद धन्यवाद।

इस पुस्तक में लिखी गई कहानी एक सत्य घटना पर आधारित है। किसी भी व्यक्ति-विशेष या किसी भी समुदाय को किसी तरह की ठेस पहुँचना इस पुस्तक व इसमे लिखी गई कहानी की चाहत नहीं है। ये कहानी एक लड़के की है जो बहुत सारी मुसीबतें और एक गलत इंसान के आने के बाद अपनी ज़िंदगी से हार गया था। वो अपनी ज़िंदगी का मकसद हिं भूल गया था।

लेखक के बारे में

अक्षय कुमार एक मेडिकल छात्र, लेखक और एक तबला वादक हैं। उन्होंने अपनी शुरू की पढ़ाई मुजफ्फरपुर, बिहार से की है और तत्पश्चात वो कहानिया व कविताएं लिखने लगे। उनका ज्यादातर काव्य शृंगार रस में होता है। लिखना उनका शौक है। स्टोरीमीररोर (Storymirror) नामक मंच से उन्हे दो बार "ऑथर ऑफ द वीक" (Author of the Week) तथा एक बार "ऑथर ऑफ द मन्थ" (Author of the Month) से सम्मानित किया गया है। और फिलहाल वो "ऑथर ऑफ द ईयर" (Author of the Year) के लिए नामित हैं।

1

ज़िंदगी एक तमाशा

ज़िंदगी, वैसे तो सुनने मे काफी सरल लगती है, पर सही मायने में देखे तो ये उतनी ही जटिल है। दरअसल ये एक अनजान सा रास्ता है, और हम सब इसके राही हैं। इस रास्ते पर क्या-क्या मुश्किलें आयेंगी, क्या-क्या बाधायें मिलेंगी हमें, इन सब जानकारियों से वंचित हैं हम। इस रास्ते पर छोटे-छोटे स्पीड-ब्रेकर मिलेंगे या बड़े-बड़े गड्ढे, ये कोई नहीं जानता। और कभी कभी तो ऐसे भी गड्ढे मिलते हैं जिनमे गिरने क बाद कोई जल्दी निकल नहीं पता, या यूँ कहें की वो निकलना ही नहीं चाहता। दरअसल ये गड्ढे हिं जीवन मे मिलने वाली बाधायें हैं। वो बाधायें ऐसी होती हैं की हमें बिल्कुल तोड़ कर रख देती हैं। हम ना चाहते हुए भी गिड़ते चले जाते हैं। किसी एक उलझन मे उलझने के बाद हम ये मान लेते हैं की यही हमारे ज़िंदगी की आखिरी सीमा है और इसके बाद कुछ नहीं है।

मेरे साथ भी कुछ ऐसा हीं हुआ था जिसके बाद मैं ये समझने लगा की बस अब ज़िंदगी मे इसके आगे कुछ भी नहीं है और ना ही मैं यहाँ से कभी निकल पाऊँगा। हालाँकि वो क्या हुआ और मैं कैसे निकला वो आगे आप खुद समझ ही जायेंगे।

मैं अक्षत, बिहार राज्य के मुजफ्फरपुर जिले मे रह कर ऊंची उड़ान भरने का सपना देखने वाला मध्य-वर्गीय परिवार का एक लड़का। मेरी हमेशा से यही तमन्ना रही थी की एक डॉक्टर बन कर जरूरतमंदों की मदद कर पाऊँ।

मेरी ज़िंदगी कुछ इस तरह बीत रही थी की आठवीं तक कुछ खास नहीं था मैं पढ़ाई में। नवमी में जाने के बाद पढ़ाई मे ध्यान लगाना शुरू किया और 10वीं में आते-आते काफी अच्छा हो गया था। 10 वीं की परीक्षा मे मुझे 91 प्रतिशत नंबर मिले थे और ये अंक पाने के बाद ऐसा लगा था की अब जीवन में सफल हो ही चुका हूँ। ये वो समय था जब फेस्बूक और इंस्टाग्राम जवान हुआ करता था। मेरे दिमाग मे बस यही चलता था की इन सब जगहों पर किस तरह नए दोस्त बनाए जाए और कैसे ज्यादा लाइक बटोरे जाएँ। हालांकि किसी से कुछ भी बात करने का मन नहीं करता था, खासकर किसी लड़की को तो सामने से “Hi” भी बोलने का हिम्मत नहीं था।

स्कूल मे मेरे कुछ ज्यादा दोस्त नहीं थे। गिने-चुने तीन-चार दोस्त हिं थे मेरे। पर जीवन मे आगे बढ़ते-बढ़ते बहुत बार कुछ लोग पीछे छूट जाते हैं। 10 वीं के बाद हम सारे दोस्त अपने-अपने रास्ते निकल पड़े अपने-अपने सपनों को पूरा करने। मुझे डॉक्टर बनना था तो मैं NEET के तैयारी मे लग गया और सोचने लगा की दो साल बाद मैं मेडिकल कॉलेज मे जाऊंगा, वहाँ एक नई दुनिया होगी, नए लोग होंगे, और कहीं उन लोगों में से कोई ऐसा भी हो जो पूरी ज़िंदगी साथ रहे।

वैसे आपकी जानकारी के लिए बात दूँ की मैं वो इंसान हूँ जिसने बचपन से बस यही सोंचा की मैं एक हिं इंसान से प्यार करूँगा और उसी से शादी करूँगा। भूल से भी किसी का दिल नहीं दुखाऊँगा।

बस अब तलाश थी उस एक इंसान की जिसके सामने हर एक बात बता सकूँ। जो मुझे पूरा कर सके, मुझे समझ सके, मेरे साथ हर खुशी-गम में मेरा साथ दे, और हाँ, मुझसे बेंइनतहाँ प्यार करे।

मुझे बचपन से बस यही सिखाया गया की सबकी इज्जत करना, खासकर लड़कियों की। मेरे परिवार में मेरे अलावा मेरा एक छोटा भाई, मेरी माँ और मेरे पापा हैं। पापा सरकारी नौकरी मे थे। हमारे घर की आर्थिक स्तिथि कुछ खास ज्यादा अच्छी नहीं हुआ करती थी। बहुत सारी मुश्किलें भी आती थीं, पर माँ-पापा कभी हमे ये एहसास नहीं होने देते थे। लेकिन जैसे जैसे मेरी उम्र बढ़ी, मैंने समझना शुरू किया, उन सारी बातों को। मैं जब-जब अपने माँ-पापा को किसी बात को ले कर असमंजस मे

देखता, तब-तब मैं यही सोंचता था की बड़े हो कर मैं कुछ ऐसा करूंगा जिससे मेरे माँ-पापा हमेशा खुश रहें बिना किसी परेशानी के। वो क्या है न, घर की परेशानियाँ इंसान को समय से पहले हिं बड़ा बना देती हैं। तो बस इसी सब के कारण शुरू से मेरा यही सपना रहा की जीवन मे कुछ तो बड़ा करना है, कुछ तो अच्छा करना है, जिससे अपने घर की जो भी परेशानियाँ हैं उन्हे दूर कर सकूँ। बस इसी सब सोंच के साथ भाग-दौड़ की जिंदगी चल रही थी। दिल और दिमाग मे बस यही रहता था की मुझे कुछ तो करना है मुझे जो सबसे अलग हो, जिससे मेरे घर वालों का नाम हो। मैं चाहता था की मेरे रहते मेरे घर वालों को किसी भी तरह की कोई कठिनाई ना हो।

मेरे और मेरे घरवालों का एक सपना था की मैं एक डॉक्टर बनूँ। स्कूल के समय से हिं मेरे मन मे था की मुझे डॉक्टर ही बनना है, क्योंकि इसके जरिए मैं काफी सारे लोगों की मदद कर पाऊँगा। और दूसरों की मदद करने के बाद उनके चेहरे की जो मुस्कुराहट होती है वो बिल्कुल अनमोल होती है, और मुझे वही चाहिए था। इसके अलावा एक और कारण ये था की मैंने अपने गाँव मे अपने आस-पास मेडिकल सेवाओं के अभाव से बहुत सारे लोगों को मरते देखा है।

स्कूल के दिनों मे मैं एक ठीक-ठाक विद्यार्थी था। पर ये परीक्षा दसवीं या बारहवीं के परीक्षा जैसी नहीं थी। ये परीक्षा मेरा और मेरे परिवार का आने वाला भविष्य बदल सकती थी। इसलिए मैं चाहता था की कुछ भी कर के, कैसे भी, मुझे बस ये इस परीक्षा मे सफल होना है और किसी मेडिकल कॉलेज मे जाना है। मैं दिन और रात को एक कर के पूरे दिल और दिमाग क साथ उस जंग की तैयारी मे जुट गया था।

समय बीतता गया और आखिर उस महासंग्राम का दिन भी आ गया। तैयारी तो पूरी थी, पर फिर भी एक डर था मन में। वो दिन ये निर्धारित करने वाला था की मेरा भविष्य कैसा होगा, मेरे सपने पूरे होंगे या नहीं। मैं चाहता था की पहली ही बार मे मुझे मेडिकल कॉलेज में दाखिला मिल जाए। खैर, मैंने परीक्षा दिया और राह देखने लगा की अब मुझे मेडिकल कॉलेज में दाखिल मिलेगा। मुझे खुद पर पूरा विश्वास था की मुझे कॉलेज मिलना तय है।

किसी खास का साथ

2
पहला झटका

सब कुछ बहुत अच्छा चल रहा था। घर में भी सब कुछ एकदम सही था, मेरी पढ़ाई भी अच्छी चल रही थी। पर ज़िंदगी कभी कभी बहुत हिं दर्दनाक मोड़ ले लेती है और हम उसके भोगी होते हैं।

ठंड का समय था। और मुझे अपने एक दोस्त विशाल के साथ बाजार जाना था कुछ सामान लेने। तो सुबह के 11 बजे मैं तैयार हो कर निकल गया। मैं और मेरा दोस्त बाजार जा हिं रहे थे उसी बीच अचानक मेरा तबीयत बहुत बिगड़ने लगा।

मेरी सांसें बहुत तेज चलने लगी, मुझे बहुत पसीना चलने लगा, मेरा हाँथ पैर ऐंठने लगा और मुझे चक्कर आने लगा। सब कुछ धुंधला-धुंधला हो रहा था मेरी आँखों के सामने। मैं कुछ सोंच भी नहीं पा रहा था की मेरे साथ ये क्या हो रहा है और क्यों हो रहा है। मेरा ऐसा हालत देख कर विशाल भी घबराने लगा बहुत। उसने मुझे पानी पिलाया और किसी तरह एक पेड़ के नीचे छाँव में बैठाया। पर फिर भी मुझे आराम नहीं मिल रहा रथ। धीरे-धीरे मुझे सांस लेने में और तकलीफ होने लगी। मैं खुद से खड़ा भी नहीं हो पा रहा था। ऐसा लग रहा था जैसे मैं नशे में हूँ।

विशाल को भी बहुत टेंशन हो गया और उसने जल्दी से मुझे एक ऑटो रिक्शा में रख कर नजदीक के हिं अस्पताल में ले गया। वहाँ पहुंचते-पहुंचते मेरी हालत और बिगर चुकी थी। अस्पताल पहुचते हिं वहाँ के डॉक्टर और नर्स मेरा इलाज करने में लग गए। मुझे ईमरजन्सी

वार्ड में भर्ती किया गया। वहाँ ना जाने कितनी दवाइयाँ और सुई दिए गए मुझे। मेरे चेहरे पर आक्सिजन का मास्क लगाया गया।

ये सब मेरे साथ पहली बार हो रहा था। आज से पहले ऐसा कुछ कभइओ नहीं हुआ था मेरे साथ। ये सब अचानक से हुआ और बहुत बिगड़ते चला गया। मुझे अस्पताल में भर्ती करने के बाद विशाल ने मेरी माँ को फोन कर के बताया मेरे बारे में। माँ भी बहुत हिं ज्यादा डर गई और घबरा गई। पापा भी छुट्टी पर नहीं थे। माँ जल्दी से अस्पताल पँहुच गई पर तबतक मैं ईमर्जन्सी वार्ड में ही था जहाँ किसी भी बाहर वाले का जाना वर्जित था। लगभग 3 घंटे मुझे ईमर्जन्सी वार्ड में रखने के बाद मुझे नॉर्मल वार्ड में स्थानांतरित किया गया।

नॉर्मल वर्ड में भी जाने के बाद ऑक्सीगेनब मास्क मेरे चेहरे पर लगा हिं हुआ था और हाँथ में IV जीससे मुझे पानी चढ़ाया जा रहा था। माँ मेरे पास हिं बैठी थी और उनके चेहरे पर मयुशी साफ छलक रही थी। तबतक डॉक्टर आ गए मुझे देखने। उन्होंने मेरा नब्ज देखा, मेरी आँखें देखी, मेरी धड़कनें सुनी और फिर मेरा X-Ray और Echocardiography करवाने के लिए कहा उन्होंने। माँ ने पूछा उनसे मेरा ऐसा स्तिथि होने के पीछे का कारण। उन्होंने बताया की मेरा रक्त चाप (BP) बहुत ज्यादा बढ़ गया था और उसी कारण ऐसा सब हुआ है। अब ये रक्त चाप (BP) अचानक से ऐसे क्यों बढ़ गया वो सब रिपोर्ट देखने जके बाद हिं समझ आएगा।

उसी वक़्त मेरी सारी टेस्टस हो गई और एक घंटे में रेपोट्र्स भी आ गए। रिपोर्ट देखने के बाद डॉक्टर ने माँ को बताया की मेरा रक्त चाप (BP) हमेशा बढ़ रहा है और मेरे उम्र के इंसान के लिए कतई नॉर्मल नहीं है। रिपोर्ट में ये पता चल की मेरे दिल (हार्ट) का एक चैम्बर सही ढंग से खून को पम्प नहीं कर पा रहा है और इसी कारण ये सब दिक्कतें आ रही हैं। पर फिर डॉक्टर ने मुझे और मेरी माँ दोनों को समझाया की ज्यादा घबराने की कोई बात नहीं है क्योंकि मेरा दिक्कत अभी फर्स्ट स्टेज में है और लगभग 4-5 महिना दवा लेने के बाद ये सही हो जाएगा। पर साथ हिं मुझे ठंड से बिल्कुल बच के रहने को कहा गया।

खैर, मेरा इलाज शुरू हुआ पर इन सब के चक्कर में लगभग 10-15 दिनों तक मेरी कुछ भी पढ़ाई नही हो पाई।

अक्षय कुमार

3

असफलता

जीवन में जरूरी नहीं की जो आप चाहो वो मिल हिं जाए। कभी कभी ऐसा भी होता है की जिसके पीछे आप पागलों की तरह पड़े हो वही आपको नहीं मिल पाता, और इस बात पर हम इतना निराश हो जाते हैं की हम जीवन में आगे बढ़ना हिं छोड़ देते हैं।

कुछ ऐसा हिं हुआ मेरे साथ भी। परीक्षा का परिणाम आया, और मुझे कॉलेज नहीं मिला। ये मेरी ज़िंदगी की पहली हार थी। इसके बाद मुझे लगने लगा की अब जीवन मे कुछ बचा हिं नहीं है। ऐसा लग रहा था की अब मुझसे कुछ नहीं होगा।

घर मे सारे लोगों के बहुत समझाने के बाद मैंने सोंचा की मैं फिर से तैयारी करूँगा और दुबारा उस मैदान मे उतरूँगा। तो बस, मैं फिर से लग गया तैयारी में। इस बार और मेहनत और लगन से। दिन रात एक कर के। बस दिमाग मे एक हिं लक्ष्य था की मेडिकल कॉलेज मे दाखिला लेना है मुझे।

पर मैं ये नहीं जानता था की इसी बीच समय एक ऐसी करवट लेगी जिससे मेरी ज़िंदगी मे चल रहा सबकुछ उथल-पुथल हो जाएगा।

हिन्दी मे किसी लेखक की एक पंक्ति है,

"वक़्त दिखाई नहीं देता, पर बहुत कुछ दिखा देता है।"

ये परम सत्य है।

NEET के तैयारी के दौरान, एक लड़की ने दस्तक दिया मेरी ज़िंदगी में। और बस यही शुरुआत थी, मेरे और मेरे ज़िंदगी के बर्बादी की जिसका अंदाज़ा मुझे भी नहीं था।

शुरू से मेरी बस यही इच्छा रही थी की मैं अपने जीवन मे कुछ बेहतर करूँ। ना ही मेरे ज्यादा कोई दोस्त बनते थे और ना हिं मुझे किसी से दोस्ती करने की कोई उत्सुकता रहती थी। मैं जहाँ भी रहता, अकेले मे रहना हिं पसंद करता था। अकेले मे रहना मुझे सर्वोपरि लगता था। क्योंकि मुझे लगता है की खुद के साथ समय बिताना बहुत जरूरी है। इससे आप अपने अंतर्मन मे झाँक कर ये जान पाते हैं की किसी भी परिस्थिति से लड़ने के लिए आपके अंदर कितनी क्षमता है, आप खुद को कितना आगे ले कर जा सकते हैं, आप खुद को पहचानना सीखते हैं।

स्कूल से लेकर अभी तक, मेरे गिनती के दो-चार दोस्त हिं होंगे। ऐसा नहीं था की मुझमे अहंकार था, बस मुझे पसंद नहीं था ज्यादा किसी से मिलन-जुलना या किसी से बात करना ज्यादा। मैं खुद मे ही रहना पसंद करता था। अकेले रह कर मैं बस यही सोंचा करता था की मैं क्या-क्या कैसे-कैसे कर सकता हूँ अपने जीवन मे।

पर NEET के तैयारी के दौरान, एक लड़की से मेरी दोस्ती हुई, जो की मेरे लिए पूरी तरह असामान्य था। **दोस्ती, अगर गौर फरमायें तो इस शब्द में पूरा एक संसार बसा हुआ है, पर अगर बस शाब्दिक अर्थ पर हिं चित्त जमाएं तो ये सिर्फ एक ढाई अक्षर का लफ़्ज़ हिं है।**

उस लड़की का नाम था “मानसी”। उससे दोस्ती होना मेरे लिए एक बहुत अटपटा वृत्तान्त था। खैर, उससे दोस्ती हुई, धीरे-धीरे बातचीत शुरू हुई। रोज क्लास जाना वहाँ उससे मिलना, बहुत सारी बातें करना और पढ़ाई करना। मतलब मेरे रोज के दिनचर्या मे, मानसी से बात करना भी एक नया काम बन गया था। धीरे-धीरे बातें बढ़ते गईं। फिर एक दिन उसने मुझे अपना व्हाट्सप्प नंबर दिया। बस फिर उसके बाद तो सिर्फ बातें होती थीं। उससे बात करने की आदत सी हो गई थी।

ऐसे हिं बात करते करते एक दिन कुछ ऐसा हुआ जो मैंने कभी सपने में भी नहीं सोंचा था।

रात का समय था, मैं उससे व्हाट्सप्प पर चैटिंग कर रहा था। चैटिंग करते करते, अचानक बिना कुछ सोंचे-समझे मैंने उसे बोला,

"मानसी, एक बात बोलूँ?"

"हाँ..!" वो बोली

"तुम गुस्सा मत होना मुझसे।" मैंने बोला

"नहीं-नहीं, बोलो क्या बात है।" उसने जवाब दिया

मैंने उसे बोला, *"मानसी, मैं तुम्हें पसंद करता हूँ।"*

उसने भी मेरी इस बात मे रजामंदी जताई।

ये सब बात बोलने के बाद मैं खुद सुन्न हो गया ये सोंच कर की ये मैंने क्या बोल दिया। पर फिर अपने दिमाग मे चल रही बातों को नजरंदाज कर दिया। पर ये तो मेरे जीवन में आने वाले खौफ़नाक मंज़र का आगमन था जिसका द्वार मैंने खुद अपने हिं हाथों खोला था।

आम भाषा मे एक कहावत है, "विनाशकाले विपरीत बुद्धि", बस यही हो रहा था मेरे साथ।

खैर, जैसे-जैसे दिन बढ़ता गया हमारी और बातें होती गईं। सुबह सो कर उठने से ले कर रात में सोने जाने तक बस उससे बातें ही होती थीं। मानसी के जरिए मेरी मुलाकात हुई एक बहुत हिं नेक-दिल और भले इंसान से उसका नाम था आकाश।

आकाश, सामान्य कद और फ्रेंच स्टाइल दाढ़ी के साथ एफ बहुत हिं सभ्य और समझदार इंसान। आकाश मानसी के स्कूल का एक दोस्त था और बहुत हिं अच्छा इंसान भी। उससे बात करने मे एक अपनापन सा महसूस होता था। एक सच्चे और अच्छे दोस्त की जो-जो गुण आज तक मैंने सुने थे, वो सारे उसमे मौजूद थे। कोई भी बात रहता या कोई भी परिस्थिती, उसमे वो हमेशा ठंडे दिमाग से काम लेता था। वो भी NEET का तैयारी कर रहा था। बहुत हिं कम समय मे मैं आकाश से घुल-मिल गया था। कुछ भी बात होता तो वो मुझे समझाता भी था और समझता भी था। धीरे-धीरे आकाश से अपनापन और ज्यादा बढ़ गया।

दिन बीतता गया, और अब फिर से परीक्षा की घड़ी या रही थी। पर इस बार मैंने कुछ तैयारी नहीं किया था परीक्षा का क्योंकि दिन-रात तो मैं बस मानसी से बात हिं करने मे लगा रहता था। मुझे कोई फिक्र ही

नहीं था अपने पढ़ाई का, मेरे सपनों का, मेरे माँ-पापा के सपनों का। मुझे कुछ दिखता था तो बस मानसी।

कुछ दिनों बाद परीक्षा की भी घड़ी आ गई। बिना कुछ तैयारी के मैं परीक्षा देने जाने वाला था। पर मुझे इस बात की कोई फिक्र ही नहीं थी। मैं बस अपने ही धुन मे था। रविवार का दिन था और उसी दिन NEET कि परीक्षा होती है। मेरा परीक्षा का केंद्र मेरे घर से लगभग 85 किलोमीटर दूर था और परीक्षा दोपहर के दो बजे से शाम के 5 बजे तक होने वाली थी।

दिन बीतता गया और परीक्षा की घड़ी भी आ गई थी।

सुबह के 7 बज रहे थे, माँ ने मुझे आ कर उठाया। पर वो कहते हैं ना सुबह की नींद बड़ी मीठी होती है। उठने का बिल्कुल भी मन नहीं कर रहा था। पर किसी तरह मैं उठा। माँ भी मेरे लिए नाश्ता बनाने मे लग गई थी। मैं भी सब कुछ कर के तैयार हो गया और नाश्ता कर के 9 बजे घर से निकल गया था परीक्षा देने के लिए। मेरे घर से परीक्षा केंद्र पर जाने के लिए बस लेना पड़ता था, तो काफी देर खड़े रहने के बाद मुझे बस मिली और मैं निकल पड़ा एक ऐसे युद्ध के लिए जिस युद्ध की ना ही कोई तैयारी थी मेरे पास और ना ही कोई उत्तेजना। मन तो बिल्कुल भी नहीं था जाने का, पर मेरे पास दूसरा कोई विकल्प भी नहीं था। बस में बैठने के बाद मेरे मन में अजीब अजीब से खयाल आ रहे थे। मैं अजीब-अजीब सी चीजें मांग रहा था भगवान से। मैं सोंच रहा था की काश मेरा एक्सीडेंट (Accident) हो जाए रास्ते में, या फिर मेरा तबीयत हिं खराब हो जाए, या कुछ भी ऐसा हो जाए जिससे मैं परीक्षा देने से बच जाऊँ। पर ये सब बस सोचने की बातें थी, ऐसा कुछ होने नहीं वाला था। घर के सारे लोग मुझसे आशा लगा कर बैठे थे की मैं अच्छे से परीक्षा दूंगा और मेडिकल कॉलेज मे मेरा दाखिला हो जाएगा। पर उस वक्त मैं बिल्कुल भी लायक नहीं था उन सबके उम्मीदों पर खड़ा उतरने के।

दोपहर के 12 बज रहे थे और मैं परीक्षा केंद्र पर पहुँच गया था। 1 बजे से प्रवेश शुरू होने वाला था और 2 बजे से परीक्षा शुरू होने वाली थी। मैंने तबतक परीक्षा केंद्र के दरवाजे पर लगे रोल नंबर के सूची मे से अपना रोल नंबर और रूम नंबर देख लिया। अभी भी लगभग 45 मिनट थे प्रवेश

शुरू होने में। तबतक मैं वहीं पर एक पेड़ के छाँव मे बैठ गया था। चारों तरफ परीक्षार्थियों की भीड़ इकट्ठा थी। सभी के चेहरे पर एक उत्तेजना थी, परीक्षा को ले कर। सभी एक हिं सपने को ले कर वहाँ खड़े थे, और इस दौड़ में मैं काफी पीछे हिं रह गया था। वहाँ बैठे बैठे मैं यही सोंच रहा था की मैं कितने नीचले स्तर पर या गया हूँ अपने ज़िंदगी के। एक सपना जिसके लिए मैं कभी अपन दिन-रात लगा कर तैयारी करता था, आज उसी से पीछे भाग रहा हूँ वो भी बस एक लड़की के पीछे भागते-भागते।

समय हो चुका था, मुझे परीक्षा केंन्द्र में प्रवेश मिल गया। परीक्षा केंद्र में जाते वक़्त एक अजीब सी घबराहट थी मन में और आत्मग्लानि भी। मैंने अपन जगह खोजा और जा कर बैठ गया। कुछ हिं देर में हमे प्रश्नपत्र भी दे दिया गया। मैंने प्रश्नपत्र खोला और वो देखते हिं मैं एकदम सुन्न हो गया था। वो प्रश्नपत्र मेरे हाँथ में आने के बाद मुझे एहसास हुआ की मैंने अपन पूरा साल किस तरह से बर्बाद कर लिया है। उस प्रश्नपत्र में से आधे से ज्यादा सवालों का जवाब मुझे नहीं आता था। किसी तरह से मुझे जो-जो प्रश्न आ रहे थे उनके जवाब लिखा और समय खत्म होने के बाद परीक्षा केंद्र से एक मयुशी भड़ी सकल ले कर निकल। इस मयुशी के पीछे का कारण भी मैं ही था।

वहाँ से निकालने के बाद मैं सीधा बस स्टैन्ड गया और अपने घर के बस पर बैठ गया। दिमाग एकदम शांत था और मन एकदम दुखी। ज़िंदगी एकदम अंधकार की तरफ जा रहा था। मैं घर पहुँचा और घर पहुँचते हिं सवालों का बौछाड़ टूट पड़ा मेरे ऊपर।

"परीक्षा कैसा गया?"

"कैसा सवाल था?"

"कितना सवाल बनाए?"

"इस बार मेडिकल कॉलेज मिल जाएगा ना?"

इन सारे सवालों का कोई जवाब नहीं था मेरे पास। दरअसल देखा जाए तो जवाब तो था हिं, पर वो बताने लायक कतई नहीं था।

परीक्षा के ठीक एक महीने बाद रिजल्ट आने वाला था। दिन बीतता गया और मैं अंदर हिं अंदर और उदास होता चल गया। इस बार परीक्षा का परिणाम क्या होने वाला था मुझे बिल्कुल अच्छे से पता था। लगभग

एक महिना हो गया था और अब परीक्षा के परिणाम की घड़ी भी आ गई थी। सब बहुत खुश थे इस दिन, क्योंकि सबको अपने भविष्य के लिए एक सुनहरा सा रास्ता मिलने वाला था। पर मैं उतना ही दुखी था, मुझे कोई इच्छा हिं नहीं था रिजल्ट देखने का। मेरे घर में सब्लॉग ये सपना देख रहे थे की आज मेरा बहुत अच्छा रिजल्ट आएगा और मुझे मेडिकल कॉलेज मिल जाएगा। पर असल में इसका बिल्कुल उलट हिं होने वाला था।

शाम होते होते परीक्षा का परिणाम भी आ गया। थोड़ी भी हिम्मत नहीं हो रही थी की मैं रिजल्ट देखूँ। पर फिर भी बहुत डरते-डरते मैंने रिजल्ट देखने के लिए अपन लैपटॉप खोला। वेबसाईट पर रोल नंबर डालने में मेरा हाँथ कांप रहा था। मैंने सबकुछ भर के सबमिट किया और आँख बंद कर लिया। फिर अगले हिं पल जैसे हिं मैंने आँख खोला मेरे दिमाग ने कुछ सोंचना हिं बंद कर दिया। वो रिजल्ट देख कर मुझे बहुत रोना आ रहा था। मुझे बहुत काम अंक प्राप्त हुए थे परीक्षा में। मैं पास तो हो गया था पर इतने काम अंक में कोई भी मेडिकल कॉलेज नामुमकिन था। घर में किसी को भी रिजल्ट बताने की हिम्मत नहीं बची थी मुझमे। मुझे कुछ भी समझ नहीं या रहा था की मैं क्या करूँ। मैंने माँ को जा कर किसी तरह रिजल्ट बताया। माँ भी मयूष हो गई रिजल्ट सुन कर। पर माँ मुझे समझाने लगी की कोई बात नहीं कम नंबर भी आया तो कोई बात नहीं, अभी आगे बहुत सारे और भी चुनौती आएंगे उन्मे अच्छा करने का कोशिश करना।

भले हिं माँ मुझे समझा रही थी शांत रहने को पर मेरे दिमाग में कुछ नहीं आ रहा था। आत्मग्लानि से मेरा सर झुक चुका था। बहुत सारे दोस्तों का फोन आ रहा था मेरे पास। आकाश और मानसी ने भी ना जाने कितने बार कल और मैसेज किया। पर मुझे किसी से कुछ भी बात करने का मन बिल्कुल नहीं था। ऐसा लग रहा था जैसे सब कुछ खत्म हो गया अब।

जब भी मैं बहुत परेशान रहता हूँ तो मैं किसी से बात करने के बदले किसी अंधेरे कमरे में अकेले बैठना पसंद करता हूँ। तो उस दिन भी मैंने यही किया, अपने फोन को ऑफ कर कर रख दिया और अपने कमरे में

जा के पूरा अंधेरा कर के चुप-चाप बैठ गया। मैं वहाँ बैठ कर सोंच रहा था की मैंने कैसे अपने हिं हाथों कैसे अपने भविष्य का गला घोंट दिया। काफी देर तक मैं वहीं अकेले बैठा रहा। कुछ देर बाद मैंने अपन फोन ऑन किया और फोन ऑन करते हिं लगातार आकाश, मानसी और बाकी सभी दोस्तों के मैसेज आने लगे। मैंने सबसे पहले आकाश को मैसेज किया और सारा बात बताया रिजल्ट के बारे में। आकाश ने भी मुझे बहुत समझाया। उसने बहुत प्रोत्साहित किया मुझे आगे बढ़ने के लिए और मुझे मेरी गलती का एहसास भी दिलाया। उससे बहुत देर बात करने के बाद मेरा मन थोड़ा हल्का हुआ। आकाश से बात करने के बाद फिर मैंने मानसी को मैसेज किया। वो खुश थी, उसका नंबर मेरे से 15 ज्यादा था, पर वो खुश थी क्योंकि वो जनरल केटेगरी (General category) मे नहीं थी इसलिए आरक्षण से उसका नामांकन हो सकता था।

उस समय ऐसा के बाद मैं पूरा टूट चुका था। किसी और के चक्कर मे पर कर अपने जीवन का कीमती एक साल बर्बाद किया मैंने। शर्म से अपने माँ-पापा के पास जाने के भी मन नहीं कर रहा था मेरा। पर किसी तरह हिम्मत कर के मैंने माँ-पापा को रिजल्ट के बारे मे बताया। वो लोग भी काफी मयूष हो गए। पर फिर माँ मुझे बहुत समझाई और बोली हिम्मत नहीं हारने को। पर यहाँ मेरे मन मे कुछ और हिं चल रहा था। मैं सोंच रहा था की मेरे माँ पापा मेरे लिए कितना कुछ करते हैं और मैंने किसी और के कारण अपना जीवन हिं बर्बाद कर लिया।

4

रिश्तों का मायाजाल और एक हादसा

रिश्ता, कितना बेहतरीन शब्द है न, और उतना ही ज़टिल उसे संभालना। एक छोटी सी घटना भी किसी रिश्ते को तार-तार करने के लिए परिपूर्ण है। किसी भी रिश्ते में विश्वास बहुत अहम क़िरदार निभाती है, और निभाये भी क्यों न, इतनी कीमती जो है। पर नियति के सामने कुछ भी संभव नहीं।

खैर!

अपनी असफलता के बाद मुझे कोई और रास्ता दिख नहीं रहा था। ऐसा लग रहा था जैसे एक पूर्णविराम लग चुका है मेरे ज़िंदगी में। पर मेरे माँ-पापा ने मुझे बहुत समझाया आगे बढ़ने के लिए। एक दिन आकाश से मेरी बात हो रही थी, उससे लगातार दो घंटे बात हुई मेरी। उसने भी मुझे बहुत समझाया और बोला की एक आखिरी बार फिर से कोशिश करने के लिए। सब के बहुत समझाने के बाद मैंने एक आखिरी बार NEET देने का सोंचा और फिर उसकी तैयारी शुरू की। पर इस बार मैं पूरी तरह से हिम्मत हार चुका था। मानसी भी अपने कॉलेज मे चली गई थी। और मैं भी दुबारा से लग गया था तैयारी में।

मानसी के कॉलेज मे जाने के बाद सबकुछ धीरे-धीरे और बदलने लगा। उसे नया माहौल मिल, नए लोग मिले, एक नई ज़िंदगी मिली।

पर अक्सर नई चीजें मिलने के बाद लोग पुरानी चीजों को बहुत पीछे छोड़ देते हैं। और बिल्कुल यही हुआ मेरे भी साथ। वहाँ नए नए दोस्त बने उसके और धीरे-धीरे मैं कहीं पीछे हिं छूटता चल जा रहा था, पर उसे इसकी कोई परवाह नहीं थी। धीरे-धीरे मानसी भी मुझसे बात करना कम कर रही थी। मैं बैठा रह जाता था उसके मैसेज के लिए पर वो बात ही नहीं करना चाहती थी मुझसे। कभी पूछता भी तो बोलती की दोस्तों के साथ हूँ, फुरसत नहीं है बात करने की। पर जो एक दिन हुआ अब वो रोज होता जा रहा था। मेरे मैसेज या कॉल का कुछ भी रिप्लाइ नहीं आता था और मैं पागलों की तरह इंतज़ार करता रहता। काफी दिन तक ऐसे ही चलता रहा और फिर एक दिन मानसी मे मुझसे कहा की उसे कोई और पसंद है, तुम्हारे लिए मेरे अंदर कोई फीलिंग हिं नहीं रहा अब। ये बात सुन कर जैसे मेरे पैरों तले जमीन ही खिसक गई हो। मुझे विश्वास नहीं हो रहा था उसके बातों पर। मुझे कुछ समझ नहीं आ रहा था की मैं क्या करूँ, किसको क्या बोलूँ। ज़िंदगी एक पल मे ऐसा करवट ले लेगी मैंने सोंच नहीं था कभी। पर यही जीवन का सत्य है, यहाँ कब क्या हो जाता है कुछ अंदाजा नहीं लगाया जा सकता। और ये जरूरी भी नहीं की जो आपने सोंच वैसा बिल्कुल होगा हिं।

ये सब होने के बाद मुझे और कुछ करने का मन नहीं करता था। ना पढ़ाई और ना हिं कुछ और। उसके जाने से ज़्यादा दुख मुझे इस बात का था की उसके कारण मैंने अपने ज़िंदगी के बेशकीमती 2 सालों को बर्बाद किया है। अपने सपने, अपने माँ-बाप के सपने सब कुछ का बली चढ़ा दिया था मैंने। मैं अपराध बोध मे जी रहा था। हँसी-खुशी जैसे मेरी ज़िंदगी से गायब हिं हो गई थी। सबके सामने बस दिखने के लिए दिखावटी हसी रखता था चेहरे पर लेकिन अंदर हिं अंदर खुद को कोशता राहत था अपने गुनाह के लिए।

बस यही सब चल रहा था मेरे जीवन में। करना तो चाहता था तैयारी फिर से पर अंदर से कोई चाहत ही नहीं बची थी। फिर एक दिन आकाश से मेरी बात हो रही थी, उसने मुझे बहुत समझाया। मैंने कहा था न, अगर दोस्ती शब्द में गौर फरमायें तो इसमे एक पूरा संसार बसा है। आकाश ने मुझे बहुत अच्छे से समझाया और मुझे प्रोत्साहन दिया आगे बढ़ने के

लिए।

आकाश के बहुत समझाने पर मैंने एक बार फिर पूरा जी-जान लगा कर पढ़ना शुरू किया। मन मे बस एक ही लक्ष्य था, की बस मुझे मेडिकल कॉलेज चाहिए। इस बार मुझे पूरा विश्वास था की मेडिकल कॉलेज मे मेरा दाखिला हो जाएगा।

पर वो कहते हैं न,

"इच्छाओं के अनुरूप जीने के लिए जुनून होना चाहिए, वरना परिस्थितियाँ तो हमेशा विपरीत हिं होती हैं।"

बस यही स्थिति था मेरे साथ भी। परीक्षा के ठीक तीन दिन पहले मेरा एक एक्सीडेंट हो गया। और वो भी ऐसा एक्सीडेंट की मेरा चलना फिरना सब बंद हो गया था। दरअसल हुआ ये था की, कोरोना का समय था और उस वक़्त पूरे भारत में लॉकडाउन लगा हुआ था। उस वक़्त तो दिन भर 24 घंटे घर मे हिं बंद रहना पड़ता था। घर की वो चार दीवारी हिं जैसे एक दुनिया हो गई थी। सारी दुकाने बंद रहती थी, एक भी इंसान बाहर नहीं दिखता था। बाहर निकलने पर चारों तरफ सब कुछ वीरान और सुनसान स लगता था। अपने अभी तक के जीवनकाल में इतना खौफ़नाक मंज़र मैंने पहली बार देखा था। कोरोना का वो झोंका ना जाने कितने लोगों को अपने साथ हिं उड़ा कर ले गया और ना जाने कितनों को बेसहारा कर के छोड़ दिया।

उस वक़्त कुछ काम नहीं रहता था। मैं बस अपन NEET का तैयारी में लगा रहता था, मेरे भाई का भी सारा पढ़ाई अनलाइन हिं होना शुरू हो गया था, और पापा तो ड्यूटी पर हिं थे। घर से बाहर निकलना सख्त मना रहता था। बाहर पुलिस का बहुत हिं कड़ा पहरा रहता था और बिना काम बाहर निकलने पर बहुत धुनाई होती थी।

तो उस समय मेरे घर के सभी लोग शाम के समय में छत पर बैठे थे और चाय का पार्टी चलता था और साथ हिं बहुत सारी बातें भी होती थी। हम जैसे मिडल क्लास परिवार में चाय एक टॉनिक जैसा काम करता है। कुछ भी हो तो उसका इलाज बस चाय। सर दर्द कर रहा हो, बस चाय पी लीजिए। कोई भी टेंशन हो, बस चाय पी लीजिए। चाय के साथ अगर बिस्किट भी मिल जाए तब वो तो बड़ा हिं विस्मयकारी मेल बन जाता है।

चाय बनाने का काम मेरे भाई का रहता था। तो बस एक दिन वही रोज की तरह शाम का समय था और भाई चाय बना रहा था। तब तक मैं सभी के लिए कुर्सी ले कर छत पर जा रहा था। उस समय मेरा घर नया हिं बना था और पूरी तरह से सारा काम खत्म भी नहीं हुआ था। छत पर जाने वाले सीढ़ी पर रैलिंग नहीं लगा था तब। उसी दौरान कुर्सी ले कर छत पर जाते वक़्त सीढ़ी पर मेरा पैर फिसल गया और रैलिंग ना होने के कारण मैं सारी कुर्सियों के साथ दूसरी मंजिल से सीधा भू-तल पर आ गिरा। कुर्सियों की तो धज्जी उड़ गई थी। और मैं तो समझ हिं नहीं पाया की ये अचानक क्या हुआ मेरे साथ। ज़िंदगी का कोई ठीक नहीं, अकस्मात सारी खुशियां गम, में बदल जाती है यहाँ। अभी कुछ देर पहले कितना अच्छा चल रहा था सब कुछ, अमन चाय बना रहा था, हम सब लोग छत पर बैठते आराम से बातचीत करते हसी मजाक करते। पर अचानक से ये दुर्घटना हो गया।

मैं जैसे हिं गिरा तो एक भयानक सी आवाज आई। माँ और भाई दोनों काफी डर गए और दौड़ते-दौड़ते बाहर आए। मैं जमीन पर पर था और चारों तरफ कुर्सियों का टुकरा फैला था। माँ और भाई दोनों भागते हुए आए मेरे पास और फिर मैं किसी तरह काफी मुस्किल से उठा और माँ और भी के सहारे से रूम मे गया। मुझसे चल नहीं जा रहा था सही से। उस दौरान मुझे बहुत चोटें लगी थी। गिरने के तुरंत बाद मेरे दाहिने हाँथ मे काफी ज्यादा दर्द था। मैं अपना दाहिना हाँथ हिला भी नहीं पा रहा था दर्द के मारे। इसके पहले भी मेरा दाहिना हाथ एक बार उखड़ चुका था। दरअसल स्कूल के समय में मैं कबबड्डी खेलता था बहुत और उसी खेल-खेल में काफी जोर से गिरा था एक बार जिसमे मेरा दाहिना हाथ उखड़ गया था। और इस बार फिर से उसी हाथ में दुबारा चोट लगा था। घर के सारे लोग भी चिंता के मारे परेशान थे। मैं भी दर्द कर मारे रात भर सो नहीं पाया था। अगले दिन मैं डॉक्टर के यहाँ गया। अस्पताल जाने के बाद मुझे बहुत टेंशन भी हो रहा था। डर लग रहा था की कहीं मेरा हाँथ टूट ना गया हो या कुछ और ना हो गया हो। क्योंकि कुछ ही महीने बाद मेरा नीट का परीक्षा था और मैं नहीं चाह रहा था की कुछ भी रुकावट आए मेरे तैयारी में। डॉक्टर मुझे देखने के बाद कुछ टेस्टस और एक्सरे

(X-Ray) के लिए बोले और साथ हिं तबतक दर्द कम करने की दवाइयाँ दी। अब सारे टेस्टस का रिपोर्ट एक दिन बाद मिलने वाला था। मुझे और मेरे घर वालों को काफी ज्यादा घबराहट हो रही थी।

अगले दिन सुबह 10 बजे माँ मुझे ले कर निकली रिपोर्ट लेने और फिर उधर से हिं हमे अस्पताल भी जाना था। हमने जांच-घर से रिपोर्ट लिया और फिर चल पड़े डॉक्टर के पास। वहाँ जाने के बाद एक्सरे देख कर डॉक्टर ने बताया की मेरा दाहिना हाँथ उखड़ चुका है। डॉक्टर ने मेरा इलाज किया, हाथ में पट्टी लगाया, कुछ दवाइयाँ दि और मुझे पूरे 15-20 दिनों तक आराम करने को कहा। मुझे अपन हाथ थोड़ा भी नहीं हिलाना था।

एक बार फिर मेरी किस्मत ने मुझे एक जोर का लात मारा था। ये सब जिस दिन मुझे पता चला उसके ठीक दो दिन बाद मेरी परीक्षा थी। मैं उसदिन बहुत रोया, क्योंकि पता नहीं मेरी किस्मत में क्या लिखा था। मेरे साथ कुछ भी अच्छा नहीं हो रहा था। सब बुरा हिं हो रहा था और इस कारण ज़िंदगी पर से मेरा पूरा भरोसा हिं उठ चुका था। ऐसा लगता था जैसे मैं अपने जिंदगी में कुछ भी नहीं कर पाऊँगा। ऐसा लगता था जैसे मेरा जीवन व्यर्थ है।

आकाश मुझे हमेशा कहता था।

"भाई, जो भी होता है अच्छे के लिए हिं होता है। तेरे लिए कुछ न कुछ अच्छा होगा हिं।"

पर यहाँ क्या अच्छा था, कुछ भी समझ नहीं या रहा था। सबसे पहले परीक्षा में असफलता, फिर मानसी का मुझे छोड़ कर जाना, फिर परीक्षा में दूसरी असफलता, फिर मेरा एक्सीडेंट होना। लगातार एक के बाद एक बस नाकरात्मक हादसे हिं हो रहे थे मेरे ज़िंदगी में और इनमे कुछ अच्छा तो नहीं ही था।

खैर, एक बार फिर से असफलता ने मेरी ज़िंदगी में दस्तक दे दिया था। और इस बार असफलता ने इस कदर मेरी ज़िंदगी को वीरान किया था की अब कोई उम्मीद नहीं थी मुझे की मैं अपने जीवन मे कभी कुछ कर पाऊँगा। मेरी ज़िंदगी में बिल्कुल शमशान सा सूनापन छा गया था।

इस बार फिर मेरा सपना काँच की तरह टूट के चकनाचूर हो गया। पर इस बार स्थिति सामान्य बिल्कुल नहीं था। इस बार मेरी असफलता का कहर मेरे माँ-पापा पर बरस रहा था। सारे लोग मेरे माँ-पापा को ताना मारा करते थे। और इन सब का वजह था बस एकमात्र मैं। मेरे हिं कारण मेरे घरवालों को ये दिन देखना पर रहा था। और ये सब देख-देख कर मैं अंदर हिं अंदर शर्म से पानी-पानी हो जाता था।

किसी कवि की पंक्तियाँ हैं,

"मैं अंधेरे से चलता हूँ, अंधेरे की ओर चलता हूँ,
रोशनी की तालाश में, मैं खुद को रोज थोड़ा खोता हूँ।"

मेरी उस वक़्त की स्थिति को ये पंक्ति बिल्कुल सही ढंग से दर्शाती है। मेरी ज़िंदगी में एक के बाद एक भयावह करामातें होते जा रही थी। सबसे पहले मेरा परीक्षा मे असफल होना, उसके बाद मानसी का मुझे छोड़ कर जाना, फिर दुबारा से परीक्षा मे असफल होना, उसके बाद वो दुर्घटना जिसके कारण मैं परीक्षा हिं नहीं दे पाया, और अब मेरे माँ-पापा को ताने सुनने को मिलते थे। इन सब के बाद मुझे कुछ करने का इच्छा हिं नहीं करता था। ज़िंदगी से एकदम हार चुका था मैं। ऐसा लगता था की अपने जीवन के आखिरी मोड़ पर खड़ा हूँ मैं।

"हम जीवन में हमेशा ये सोंच कर चलते हैं की हम जो चाहते हैं वो हो जाएगा तो उसके बाद ऐसा ऐसा करेंगे। हम ये कभी नहीं सोंचते हैं की जो हमने चाहा अगर वो नहीं हुआ तो अगला कदम क्या उठायेंगे। जीवन मे असफलता से लड़ने का हमारे पास कोई रास्ता हिं नहीं रहता है।"

ये सब होने के बाद मैं किसी से बात नहीं करता था। मैं बस अकेला हिं रहना पसंद करता था। घर मे या सबके सामने रहने पर झूठा मुस्कुराहट रखना पड़ता था चेहरे पर क्योंकि मैं नहीं चाहता था की कोई मुझे मेरा हालत पूछे या किसी को पता चले की मेरे अंदर क्या चल रहा है।

उस वक़्त मैंने कुछ यूँ लिखा था की,

अजीब है मेरा अकेलापन भी,
ना खुश हूँ,
ना उदास हूँ,
बस अकेला हूँ,

और खामोश हूँ।

मैं ज़िंदगी के ऐसे मोड़ पर था की मुझे कुछ भी अच्छा नहीं लगता था और ना हिं मुझे किसी का साथ हिं चाहिए था। पर वैसे समय मे भी अगर कोई मेरे साथ खड़ा था तो वो था आकाश। वो बिल्कुल निःस्वार्थ भाव से हर एक स्थिति मे मेरे साथ रहता था। मैंने उस जैसा इंसान कभी नहीं देखा और सही मायने में ऐसा दोस्त ज़िंदगी मे रहना बहुत जरूरी है।

वो मुझे दिन-रात समझाता रहता था। हमेशा मुझे ये कहता था की **"भाई, जो भी होता है अच्छे के लिए होता है, तू आराम से रह। सब कुछ सही हो जाएगा। भरोसा रख, खुद पर भी और समय पर भी।"**

वो मुझे हमेशा मुझे अपने साथ रखता था ताकि मैं कुछ-कुछ उलटा-सीधा ना सोचूँ। मेरे दिन का ज्यादातर समय उसके साथ हिं गुजरता था।

पर फिर भी धीरे-धीरे मैं अपना वास्तविकता खोता जा रहा था। हमेशा अकेले रहना, अंधेरे कमरे मे बंद हो कर रहना, किसी से बात ना करना, किसी से दोस्ती ना करना ये सब मेरी फितरत हो गई थी। मैं खुद में ही सिमट कर रह गया था और अंधकार तो जैसे मेरा आशिक हिं बन गया था। मेरा व्यक्तित्व बिल्कुल बदल गया था। मैं पूरी तरह से एक अंतर्मुखी व्यक्ति बन गया था।

एक अंतर्मुखी व्यक्ति होने का सबसे बुरा बात शायद यही है, हम ख़ुद ही नही समझ पाते हैं कभी कभी की हम इस समय से परेशान हैं, हालात से, या फिर खुद से।

और ये कोई छोटी बात नही होती, ये एक मायाजाल है, जो व्यक्ति को गन्ने की तरह निचोड़ कर छोड़ देती है। पर ऐसे व्यक्तित्व वाले लोगों की एक ख़ासियत जरूर होती है, चाहे कुछ भी हो जाए, वो अपने अंदर की बातों को बाहर नहीं आते देते। वो एक ऐसे बंद पिटारे जैसे हो जाते हैं जिसे की खोलना शायद बहुत मुस्किल है और जिसकी चाभी भी कहीं खो गई है।

असफलता और अंतर्मुखी व्यक्ति, ये बड़ा विस्मयकारी मेल है। पर ऐसे लोगों की परेशानी है, की वो बहुत सी बातें अपने अंदर ही दफन कर के रख लेते हैं, ताकि उनके आसपास के लोगों की जीवन सही सलामत चले, पर कभी-कभी एक पल ऐसा भी आता है जब वही दफन की हुई

बातें, इंसान का रक्त चूसने लगती हैं।
    उस समय के दौरान मैंने कुछ पंक्तियाँ लिखी थीं।
ज़िंदगी एक अनोखा रंगमंच है,
जहाँ खुशी और दर्द का कटु मेल है।
अनजाने रास्तों पर चलना हो जहाँ,
वही तो ये जुम्बिश भरी खेल है।
पता नहीं चलता किस मोड़ पर हैं खुशियाँ यहाँ,
ना चाहते हुए भी ये ज़िंदगी बहुत रुलाती है।
हादशों से सजी शैय्या है यहाँ,
जो हमेशा आगोश में रख कर सुलाती है।
सब खुद को जुज़दान स पवित्र दर्शाते हैं,
पर असल में वही दोज़क की स्थिति बनाते हैं।
किसी पर भरोसा करना हो जाता है मुश्किल,
क्योंकि सब अपनेपन की आर में प्रतिकार निकालते हैं।

5
गिरना और फिर संभलना जरूरी है

इतना सब कुछ होने के बाद मेरा ज़िंदगी पर से भरोसा उठ गया था। मुझे कुछ भी समझ नहीं या रहा था की आगे अब अपने जीवन मे क्या करूँ। बहुत रोता राहत था मैं। अंदर हिं अंदर घुटते जा रहा था। मेरे दिमाग में जो सवालों का सिलसिला शुरू हुआ वो थमने का नाम नहीं ले रहा था। उन सारे सवालों का जवाब कोई भी नहीं दे सकता था, मैं भी नहीं।

मन में बहुत बुरे खयाल आ रहे थे, खुद को खत्म कर लेने जैसे। क्योंकि जीवन में कहीं भी कुछ अच्छा नहीं हो रहा था मेरे साथ। सबसे पहले मानसी, जिसे मैंने हमेशा खुश देखना चाहा, उसने हिं मुझे दुख का पीटारा दे दिया। मुझे समझ नहीं आ रहा था की आखिर मेरी हिं ज़िंदगी में इतनी मुसीबतें क्यों है, इतना सब मेरे साथ हिं क्यों हो रहा है। मैंने अपने मन में जो भी भविष्य रूपी महल बनाया था, वो सब का सब विच्छेद हो गया मेरी नज़रों के सामने और मैं कुछ कर भी नहीं पाया।

मेरे जेने की तमन्ना हिं खत्म हो गई थी। मैं समझ नहीं पा रहा था इन सब सदमों से कभी निकल भी पाऊँगा या फिर ऐसे हिं घुटते-घुटते मारता रहूँगा। ऐसे हर रोज एक नई मौत मरने से तो अच्छा है की एक हिं बार मे कहानी खत्म कर लेता हूँ, पर बार-बार मेरे परिवार और दोस्तों की तस्वीर मेरे आँखों के सामने या जाती थी और मैं कुछ नहीं कर पता

था। ज़िंदगी में इतनी बार असफल होने के बाद अपने माँ-पापा से आँख भी मिलान मुश्किल हो रहा था मेरे लिए। और इन सब के अलावा मानसी ने जो मेरे साथ किया वो तो अलग हिं था। दिन भर बहुत कोशिश करता था की इन सब खयालों से बाहर निकलूँ। पर वो क्या है न, आप दिन भर चाहे जितनी भी कोशिश कर लो खुद को व्यस्त रखने की, लेकिन रात आपको आपका असल व्यक्तित्व दिखा हिं देती है। आप किसी समुद्र में कागज की कश्ती बना कर छोड़ दो, कुछ देर तो वो तैरेगा पर आखिरी में उसका डुबना निश्चित है। कुछ ऐसा हिं मेरा हाल भी था। वो मौसम की पहली बारिस की तरह थी, और मैं उसमे छोड दी हुई कोई कागज की कश्ती, ज्यादा देर कहाँ तैर पाता। आखिर में डुबना तो निश्चित हिं था।

मैंने खुद को व्यस्त रखने के लिए कुछ काम करने का सोंच। मैंने फूड डेलीवेरी कंपनी में डेलीवेरी बॉय का जॉब जॉइन किया। ये जॉब मैंने पैसे कमाने के लिए नहीं लिया था, बल्कि मुझे खुद को व्यस्त रखना था। लगभग एक दो महीने मैंने वहाँ काम किया।

दिन बीते, हफ्ते बीते, महीने बीते मैं बहुत कमजोर होता जा रहा था। मैं रात-रात भर जग राहत था। 24 घंटे में मुश्किल से 2-3 घंटे हिं सोता था। वो क्या है न,

जिनकी नींद कहीं गम सी हो चुकी होती है, वही जानते हैं, सुबह की वो सुनहरी सूर्य की किरण आने में कितने जमाने लगते हैं।

मैं जब भी बहुत ज्यादा दुखी रहता या उदास रहता तो अकेले बैठ के खुद से बातें करता था। उसदिन रात के 11.30 बज रहे थे मैं अपने कमरे में बिस्तर पर लेट करे सोने की नाकाम कोशिश में लगा था। अचानक मैं बिस्तर से उठ खड़ा हुआ और आईने के सामने जा कर खुद से बातें करने लगा। मैंने खुद को बोला,

"यार ये तू अपने जीवन में कहाँ या गया है। तू इतना कमजोर तो नहीं है की एक गलत इंसान तुझे ऐसा शिकस्त दे दे। ज़िंदगी बहुत लंबी है और ये तो बस एक छोटा पड़ाव ही था।

अगर तू चाहेगा तो बहुत कुछ कर सकता है। रास्ते किसी को खुद से नहीं मिलते। रास्ते खुद से बनाने पड़ते हैं, सारे नाकामियों से भिड़ते-भिड़ते। अगर उतार चढ़ाव हिं ना हो तो ज़िंदगी कैसा।

देख, अभी तेरे पास दो रास्ते हैं। या तो तू ऐसे हिं सदमे मे रह, रोज मरता रह या फिर अपन सपना पूरा कर, दौर में वापस आ और अपने मंजिल तक पहुँच।"

ज़िंदगी में कितनी भी परेशानियाँ क्यों ना हो, उससे निकालने का रास्ता सिर्फ एक हिं इंसान बना सकता है और वो हैं आप खुद। कोई और चाहे कितना भी करीब हो आपके, पर वो भी आपके परेशानी से निकलने का रास्ता नहीं बना सकता, वो बस आपको बता सकता है, समझा सकता है पर आखिरी में उस रास्ते का राचाइयता तो बनना है आपको हिं।

मैंने भी फिर खुद को बहुत प्रोत्साहित किया और आगे बढ़ने का सोचा। आकाश ने भी बहुत साथ दिया। मैंने बहुत सोचा की अब आगे मुझे क्या करना है। फिर मैंने ये ते किया की मैं किसी कोर्स (Course) में अड्मिशन (Admission) ले लूँगा और साथ में NEET का तैयारी एक बारे फिर से करूंगा। तो मैंने बहुत सारे कॉलेज मे फ़ॉर्म डाला। और उन्मे से कुछ कॉलेज में नामांकन के लिए मेरा चयन भी हो गया। पर मेरा मन नहीं था बिल्कुल उन कॉलेज में जाने का क्योंकि मेरा जो सपना था उससे दूर-दूर तक कोई वास्ता नहीं था उन कॉलेज का।

फी ऐसे हिं इंटरनेट पर काफी सर्च करते करते मुझे एक कोर्स के बारे में पता चल जिसका नाम है (BPT)**बैच्लर ऑफ फिज़ीओथेरपी**(Bachelor's of Physiotherapy) । इसके बारे मे मुझे पता नहीं था ज्यादा कुछ। मैंने बहुत सारे लोगों से इसके बारे मे पता करने का कोशिश किया। बहुत सारे लोगों से बात करने पर मुझे पता चल की ये भी मेडिकल फील्ड का एक बहुत हिं महत्वपूर्ण ब्रांच है जिसमे हम बिना दवाइयों के मरीज का इलाज करते हैं और ये एक अटूट अंग है मेडिकल का। और साथ हिं ये करने के बाद भी हम डॉक्टर हिं कहलाएंगे।

इस चीज के बारे मे और गहराई से जानने के बाद मुझे इसके बारे में और भी बहुत जागरुगत होने लगी। मुझे बहुत अच्छा लगने लगा ये पढ़ाई। फिर मैंने सोचा की अब मुझे यही करना है मुझे NEET नहीं करना है। फिर मैंने BPT का कॉलेज खोजना शुरू किया और उसमे दाखिला लेने के विधि के बारे में सारा बात पता करना शुरू कर दिया।

ये फील्ड मेरी तरह मेरे माँ-पापा के लिए भी नया था। उन्हे भी कुछ पता नहीं था इसके बारे में। इसलिए मेरे माँ-पापा थोड़ा हिचकिचा रहे थे इस कोर्स मे मेरे अड्मिशन को ले कर। मैंने बहुत समझाया की ये क्या चीज है और इसमे हमें क्या पढ़ना होता है और हम रोगियों का इलाज किस तरह करते हैं। हालांकि उनका डर लाज़मी था। पर मेरे समझाने के बाद वो लोग भी राजी हो गए मेरा दाखिला करने के लिए।

इंटरनेट पर खोजने के बाद और कुछ लोगों से बात करने के बाद मुझे BPT के कॉलेज के बारे में पता चल। मैंने उस कॉलेज में दाखिल लेने के लिए फ़ॉर्म डाला। वहाँ दाखिला लेने के लिए प्रवेश-परीक्षा देना पड़ता था। फ़ॉर्म डालने के बाद मैं फिर एक एक बार परीक्षा की तैयारी में लग गया। बस दो महीने बाद हिं परीक्षा थी। मैंने अपना सारा बीत हुआ कल भुला कर पढ़ाई करने शुरू कर दिया पागलों की तरह। बस मुझे अब किसी तरह वो कॉलेज लेना था।

तैयारी करते करते कब दो महीने बीत गए पता हिं नहीं चला। परीक्षा की घड़ी फिर से एक बार या गई थी। इस बार मैं पूरी तरह से तैयार था महासंग्राम में हिस्सा लेने के लिए और इस बार पूरी उम्मीद थी की मुझे विजय प्राप्त जरूर होगा। इस बार परीक्षा-केंद्र ज्यादा दूर नहीं था। मेरे घर के ही पास था। सुबह मैं जल्दी-जल्दी उठा और सब कुछ कर के तैयार हो गया और चल गया परीक्षा-केंद्र पर।

इस बार परीक्षा बहुत हिं ज्यादा अच्छा गया था। मैं बहुत हिं ज्यादा खुश था। मुझे पूरा विश्वास था की इस बार मेरा दाखिला हो हिं जाएगा। परीक्षाफल 7 दिनों बाद आने वाला था। घर में सब लोग खुश थे मेरा आत्मविश्वास देख कर इस बार।

दिन बीता और परीक्षाफल का भी दिन आखिर आ गया। इस दिन का बहुत बेसब्री से इंतज़ार था मुझे और मेरे परिवार को। जैसे हिं मुझे पता चला की परीक्षाफल आ चुका है, मैंने झटपट अपन फोन निकाल कर इंटरनेट पर अपन रोल नंबर डाल कर सबमिट किया। सबमिट करते हिं मैंने अपनी आँखें मूँद ली और मन हिं मन प्रार्थना करने लगा की मेरा चयन हो जाए। मैने धीरे-धीरे कर के अपना आँख खोला और सामने जो था वो देख कर मुझे खुद पर विश्वास नहीं हो पा रहा था। रिजल्ट के सबसे

ऊपर लिखा था "Congratulations, You have been selected for admission in BPT." ये देख कर मुझे विश्वास नहीं हो रहा था की ये सच है। मुझे लग रहा था की मैं किसी सपने में जी रहा हूँ। एक ऐसा सपना जो असल में सच हिं है। मैंने जोर से चिल्ला कर माँ को बताया। माँ भी खुश हो गई बहुत ज्यादा ये बात सुन कर। खुशी के मारे मुझे रोना आ गया।

6

एक नई सफर

मेरा चयन होने के बाद घर में एक अलग हिं खुशी का माहौल बन गया था। और ये सब देख कर मुझे बहुत अच्छा लग रहा था। अंततः मेरा दाखिला हो हिं गया कॉलेज में। मैंने आकाश को भी बताया, वो भी बहुत खुश था मेरे लियी।

अब मेरे एक नए ज़िंदगी का शुरुआत होने वाला था। नई जगह मिलने वाली थी, नए चेहरे मिलने वाले थे। मैंने पहले हिं पूरी तरह ये सोंच रखा था की कॉलेज में भी मुझे बहुत अच्छे से पढ़ना है। किसी से कोई ज्यादा दोस्ती या प्यार नहीं करना है। क्योंकि मुझे ये सब झूठ-फरेब लगने लगा था। मैं बहुत खुश था कॉलेज जाने के लिए। जिस दिन मेरा दाखिला हुआ उसी दिन मैंने बाजार जा कर अपने लिए उजला ऐप्रन (White Apron) और आला (Stethoscope) खरीद लिया। ये उजला ऐप्रन और आला एक डॉक्टर की पहचान होती है। मैं बहुत हिं उत्तेजित था। सब कुछ नया होगा।

दाखिला होने के बाद मैंने अपना सामान सब पैक करना शुरू कर दिया। आने वाले पाँच साल मुझे वहीं उसी कॉलेज में ही बिताने थी। माँ मेरे लिए कुछ-कुछ खाने के लिए बना रही थी। 5 दिनों बाद मुझे वहाँ जाना था क्योंकि छठे दिन से मेरा क्लास शुरू होने वाला था। जल्दी जल्दी सब कुछ पैक कर के मैं तैयार हो गया कॉलेज जाने के लिए। माँ पापा भी काफी ज्यादा खुश थे मेरी इस सफलता के लिए।

दिन बीता, मैं कॉलेज मे आ गया। मेरा कॉलेज में पहला दिन था। आज से ये सफर शुरू होने वाला था आने वाले पाँच सालों के लिए। मैं बहुत ज्यादा हिं खुश था। सुबह मे मैं माँ से बात किया और कॉलेज चला गया।

जैसे हिं कॉलेज के कॅम्पस में प्रवेश किया, एक अजीब जी झनझनाहट सी हुई मन में। जो सपना मैंने इतने सालों से देखा था, आज वो सपना सच हो चुका था। मैं सच में मेडिकल कॉलेज में था। मैं सच में डॉक्टर बनने वाला था। मुझे ये सब सपना हिं लग रहा था। पर फिर मैंने अपने आप को कहा, की नहीं ये सपना नहीं है, ये सच है। और चल पड़ा क्लास की तरफ। क्लास में जा कर एक जगह पर मैं बैठ गया। धीरे-धीरे सारे बच्चे आ गए। पूरा नया-नया चेहरा, नए-नए लोग। ना किसी से जान ना पहचान। सब एक दूसरे का चेहरा देख रहे थी। फिर कुछ देर मे हिं प्रोफेसर आ गए क्लास में और हमारा पहला क्लास शुरू हो गया। पहली क्लास मे मेरी किसी से भी बात नहीं हुई। क्लास खत्म होने के बाद अपने रूम पे आ कर मैंने झटपट माँ को कॉल किया और उन्हे एक-एक कर सारा बात बताया आज के दिन के बारे में। कॉलेज में क्या-क्या हुआ, क्या-क्या बोला गया, क्या-क्या पढ़ाई हुई हर एक चीज मैंने माँ को बताया। माँ भी काफी खुश हुई मुझे सुन कर।

कॉलेज मे आ तो गया था मैं, पर अब किसी से दोस्ती करने में भी डरता था। किसी से मुझे दोस्ती करने का इच्छा नहीं करता था।

जाकिर खान की कुछ पंक्तियाँ हैं।

“अब वो आग नहीं रही,
ना शोलों सा दहकता हूँ,
रंग भी सब के जैसा है,
सब्स हिं तो महकता हूँ,
एक अरसे से हूँ थामे कश्ती को भवर में,
तूफान से भी ज्यादा साहिल से सिहरता हूँ।”

बिल्कुल यही हाल मेरा भी था।

धीरे-धीरे क्लास शुरू हुए और पढ़ाई भी। मैं सुबह उठता कॉलेज जाता, वहाँ से आ कर माँ से बात करता फिर पढ़ाई करता। अब यही नया

रूटीन बन चुका था मेरा। मैं किसी पर ध्यान नहीं देता था ज्यादा। क्लास में एक दो लड़कों से हिं मेरी बात भी होती थी।

कॉलेज जाने के बाद आकाश से मेरी रोज बात होती थी। वो बहुत साथ देता था मेरा हर एक चीज में। वो मुझे हमेशा समझाता था कॉलेज में सही से रहने के लिए और अपने बीत हुए कल को ले कर परेशान नहीं होने के लिए।

क्लास शुरू हुए बस अभी 3-4 दिन हिं हुआ था। मैं कॉलेज से आकर खाना खा रहा था। उसी दौरान अचानक से मेरे व्हाट्सप्प पर एक अनजान नंबर से मैसेज आया। वो मेरे हिं क्लास के किसी लड़के या लड़की का नंबर था। उसने मुझे क्लास में हिं पढ़ाए गए एक टॉपिक को समझाने के लिए कहा था। मुझे पता नहीं था की वो कौन है। मैंने सवाल का जवाब टाइप कर के भेज दिया। उसके बाद मैंने पूछा।

"आप कौन हैं?"

मेरे मैसेज करने के तुरंत बाद उसका जवाब आया।

"मैं खुशी हूँ।"

उसका नाम खुशी था और वो मेरे हिं क्लास की थी। पर मैं उसे पहचानता बिल्कुल नहीं था। बस इसके बाद उसदिन मेरी उससे कुछ बात नहीं हुई। फिर रोज की तरह मैंने पढ़ाई किया और सब कुछ कर के रात को सो गया।

फिर अगले दिन कॉलेज गया, और मेरी नजर उसी एक इंसान को ढूंढ रही थी जिसने कल मुझे मैसेज किया था। पर मैं उसका चेहरा नहीं पहचानता था। व्हाट्सप्प पर भी उसकी फोटो नहीं लगी हि थी। फिर मैंने हार मार लिया और छोड़ दिया।

7

इजहार-ए-इश्क

उस दिन के ठीक दो दिन बाद फिर से खुशी का मैसेज आया मेरे पास। पर मैं जब्तक मैसेज देखता तबतक उसने मैसेज डिलीट कर दिया था।

पर फिर भी मैंने रिप्लाइ किया।

"ये क्या डिलीट किया तुमने?"

थोड़ी हिं देर बाद खुशी का भी रिप्लाइ आया।

"आर कुछ नहीं, गलती से चला गया था।"

फिर उसके बाद हमारी बात शुरू हुई। वो मुझसे सवाल पूछते गई और मैं भी जवाब देता गया। और इत्तेफाक ये हुआ की उसका भी घर मेरे हिं शहर में था। थी अनजान, पर अनजान नहीं लग रही थी। ऐसा लग रहा था जैसे किसी अपने से हिं बात कर रहा हूँ।

मैं क्लास में बहुत उदास और अलग अकेले हिं रहता था। व्हाट्सप्प पर भी मैं दुखी-दुखी गाना लगता था स्टेटस (Status) में। तो इन सब को देख कर खुशी ने मुझसे इतना उदास और दुखी रहने का कारण पूछा। मैंने पता नहीं कैसे बिना कुछ सोचे उसके सामने अपन बीता हुआ कल पूरा खोल कर रख दिया। एक-एक बात मैंने बताया उसे। वो भी काफी दुखी हुई मेरी बातें सुन कर। फिर उसके भी जीवन में कुछ परेशानियाँ आई थी, उसने भी मुझे सब कुछ बताया। उसदिन बात करते करते काफी रात हो गई थी और हमे पता भी नहीं चल समय का।

मैं उसे अभी भी पहचानता नहीं था चेहरे से ये बात बताई मैंने उसे। तो उसने मुझे बोला की कल क्लास में वो मुझसे बात करेगी। मैं अब कल के इंतज़ार में था।

पता नहीं मुझे क्या हो गया था। मैं किसी से बात या दोस्ती नहीं करना चाह रहा था। पर खुशी से बात करने के बाद एक अलग हिं एहसास होता था। मैं धीरे-धीरे उसे पसंद करने लगा था, पर मुझे बहुत डर लगता था। मैंने आकाश से बात किया और उससे सारा बात बताया। वो थोड़े देर चुप रहा और फिर उसने मुझे समझाया।

उसने बोला की,

"देख भाई इतना सोंचने या टेंशन लेने का बात नहीं है। अगर वो पसंद है तो भी घबराने का बात नहीं है। पर कुछ भी करना अगर तो अपन बीता हुआ कल का गलती सब ध्यान में रख कर करना।"

मैं खुशी को धीरे-धीरे और पसंद करने लगा था और साथ में उतना हिं डरने भी लगा था। डर इस बात का था की जो मेरे साथ पहले हुआ था कहीं अब वो दुबारा से ना हो जाए। उसदिन के बाद खुशी से रोज हिं बात होती थी।

कुछ दिन बाद मुझे घर जाना था किसी काम से। मैंने उसे बताया की मुझे घर जाना है। खुशी मुझे बोली की वो मुझे कॉल करेगी हॉस्टल पहुच कर 4 बजे। और मुझे भी 4 बजे हिं निकलना था घर के लिए। मैं 3.30 बजे से हिं इंतज़ार करने लगा था उसके कॉल का। 3.45 बजे मैं निकल गया था घर के लिए। कॉलेज से मेरा घर लगभग 100 km दूर था और जाने में ढाई घंटे लगते थी। मैं बस निकला हिं था और खुशी का कॉल आ गया। मुझे इसका हिं बेसब्री से इंतज़ार था। मैं पूरे रास्ते खुशी से बात करता गया। और उससे बात करते करते 100 काम दूर कैसे पहुँच गया मुझे पता भी नहीं चला।

उसदिन कॉल पर बात करने के बाद मैं उसे और ज्यादा पसंद करने लगा था। मैं चाह रहा था उसे अपने अंदर की बात बता देने का पर समझ नहीं आ रहा था की कैसे बताऊँ और एक तरफ मुझे खुद के लिए डर भी लग रहा था।

मेरे दिमाग में मेरे बीते हुए कल से जूरी सारी बातें आ जा रही थी। मैं सोंच रहा था की अगर मेरे साथ फिर से वही हुआ तो फिर मैं क्या करूंगा। मुझे किसी पर भरोसा करने में बहुत डर ;आगत था।

मुझे इस बात पर पुरा विश्वास था की खुशी भी मुझे बहुत पसंद करती है। पर वो सीधे तरीके से मुझे नहीं बोलती थी। रात का समय था, मैं खुशी से चैट कर रहा था। हम दोनों की बातें चल रही थी किसी टॉपिक पर।

बात बात में खुशी बोली।

"लगता है मुझे किसी से प्यार हो गया है।"

ये देखने के बाद मैंने कुछ भी बिना सोचे, जवाब दे दिया।

"हाँ, शायद मुझसे हिं।"

मैंने बिना कुछ सोचे हिं ये मैसेज कर दिया था। वो मैसेज देख तो ली पर कुछ बोल नहीं रही थी। फिर मैंने सोंचा की बस अब बता हिं देता हूँ अपने मन की बातों को। मैंने फिर मैसेज किया,

"खुशी, आई लव यू।"

ये मैसेज करने के बाद मैं एकदम सुन्न हो गया था। खुशी का कुछ भी जवाब नहीं आ रहा था। मुझे लगा की बस अब बात खत्म हिं होने वाली है, पर तभी अचानक खुशी का विडिओ कॉल (Video Call) आ गया। मैं बिल्कुल चौंक गया ये देख कर। मैंने विडिओ कॉल (Video Call) उठाया, और उसका खिलखलाता हुआ चेहरा देखा। मुझे इतना अच्छा लोग की मैं बता भी नहीं सकता शब्दों में। उसमे भी मुझे बताया विडिओ कॉल (Video Call) पर की वो भी मुझसे पसंद करती है।

वो दिन मेरे ज़िंदगी का सबसे अच्छे दिनों मे से एक था। मैं खुश भी बहुत ज्यादा था और अंदर हिं अंदर डर भी उतना हिं लग रहा था। मन में बहुत सवाल आ रहे थे।

क्या मैंने ये सही किया?

क्या मुझे ये बातें अभी बतानी चाहिए थी?

क्या मैंने ये सब बहुत जल्दी कर दिया?

और भी ना जाने क्या-क्या चल रहा था दिमाग में। पर खुशी का मेरे ज़िंदगी में आना मेरे लिए एक वरदान था।

मेरी एक खराब आदत थी की मैं अपने अंदर की बातों को जल्दी किसी से सामने बोल नहीं पाता था। तो इसीलिए मैं उन बातों को कहीं भी लिख लेता था। ऐसे हिं एक रात, मैं छत पर बैठा था चाँद-तारों के आगोश में, और खुशी के बारे में हिं सोंच रहा था। खुशी तुरंत हिं मेरे ज़िंदगी मे आई थी तो कोई भी बात उसे बोलने मे थोड़ा हिचकिचाता था मैं। उसदिन भी कुछ बातें थी जो मैं बोलना चाहता था उसे और मैंने वो सारी बातें लिख डाली थी।

वो बातें कुछ यूँ थी की,

रात के 2 बज रहे हैं और बस अपने फोन का नोटपैड खोल कर ये लिखना शुरू कर दिया हूँ, पता नहीं क्यों..........? मैं ये क्यों लिख रहा, नहीं जानता। मेरी ये लेख किस दिशा में जाएगी, मैं ये भी नहीं जानता। बस शुरू कर दिया हूँ, बिना कुछ सुनचे, बिना कुछ समझे। तुमसे आफ़ी कुछ बातें कहनी हैं।

मन बहुत घबराया सा है, और बेचैन भी। बहुत सारी बातें विचलित कर रही हैं मन को। खुशी, हमारा ये रिश्ता बाकियों के रिश्ते से काफी अलग है। हमारे रिश्ते में प्यार और समझ दोनों है, जो की इसे परिपूर्ण बनाता है। और मेरे लिए तो तुम्हारी हँसी और खुशी हिं काफी है मेरे दिन को अच्छा करने के लिए। तुम एक अटूट धागा हो मेरे ज़िंदगी की। इस सफर गें मुझे कुछ चाहिए तुमसे।

बहुत सारी उलझनें आएंगी ज़िंदगी के इस सफर में, हमेशा विश्वास बना कर रखना क्योंकि मैं कभी भी कुछ गलत नहीं करूँगा। मेरे लिए तुम और तुम्हारी खुशी ज्यादा जरूरी है।

अभी हम दोनों मेडिकल कॉलेज में हैं, हम दोनों को भविष्य में आगे काफी कुछ करना है। मैं चाहता हूँ की तुम भी सब कुछ बहुत अच्छे से करो।

रात काफी हो गई है, कोशिश करता हूँ सोने की।

फिर खुशी से मेरी बातें शुरू हुई और उसने फिर धीरे-धीरे मुझे सारी बातें बताईं। वो मुझे दूसरे क्लास से हिं पसंद करने लगी थी जब मैं अपन इन्ट्रोडक्शन (Introduction) देने गया था कॉलेज में। और पहला दिन जो सवाल पूछा था उसने वो भि बस मुझसे बात करने का एक बहाना

था।

जब खुशी मेरी ज़िंदगी में आई तब मैं अपने ज़िंदगी के सबसे नीचले दर्जे पर था। जहाँ ना हिं किसी चीज से खुशी मिलती थी और ना हिं किसी चीज से गम। लोग भी मेरे साथ नहीं रहना चाहते थे।

वो ऐसे आई और चंद दिनों में हिं इतने करीब या गई जैसे गुलाब की पंखुरियों पर सुंदर तितलियाँ आ जाती हैं और धीरे-धीरे अस्ताचलगामी सूर्य की तरह खूबसूरत होते चली गई। चंद दिन हिं हुए थे, पर लगता था कितने सालों से जान-पहचान है। कुछ दिनों के हिं बातचीत में दिल की आवाज आई की ये सही इंसान है। और हाँ, दिल की आवाज एक बार गलत हो सकती है, बार बार नहीं। और कुछ चीजों का फैसला दिल पर हिं छोड़ देना चाहिए।

खुशी के आने के बाद मेरे व्यक्तित्व में भी बहुत सारी परिवर्तन आई हैं। मैंने एक बार फिर से हँसना सीख था उसके कारण। एक नई उम्मीद जागी थी। मेरा सब कुछ जानने के बाद भी वो मेरे

साथ थी। मेरी ज़िंदगी को पूरी तरह से बदल के रख दिया उसने। उसके मेरी ज़िंदगी में आने के बाद बहुत अच्छी-अच्छी चीजें हुई मेरे साथ।

कुछ दिनों बाद मैंने सोचा की खुशी के बारे में मैं माँ को बता दूंगा। कॉलेज का छुट्टी था, और मैं घर पर हिं था। मैंने खुशी को मैसेज किया, की मैं सोंच रहा हूँ तुम्हारे बारे में माँ को बताया दूँ। ये बात सुन कर खुशी भी उत्तेजित हो गई। उसने भी मुझे बहुत प्रोत्साहित किया। मुझे बहुत डर लग रहा था माँ को बताने में। पर फिर भी किसी तरह डरते-डरते मैं गया माँ के पास। माँ के पास जाने के बाद मैं चुप-चाप बैठ गया। मुझे समझ नहीं आ रहा था की मैं कैसे बात शुरू करूँ। और डर भी लग रहा था की कहीं माँ गुस्सा ना हो जाए। मुझे वैसे चुप-चाप बैठे देख माँ समझ गई की मैं कुछ बोलना चाह रहा हूँ। माँ बोली मुझे बोलने को।

मैंने बहुत डरते-डरते कहा,

"माँ, कॉलेज में एक लड़की है जिसे मैं पसंद करता हूँ और वो भी मुझे पसंद करती है।"

ये बात सुन कर माँ बहुत जोर से हसने लगी। मैंने ये बिल्कुल भी अपेक्षा नहीं किया था की माँ का ऐसा प्रतिक्रिया होगा मेरे इस बात पर। हँसते-हँसते माँ उसका नाम पूछी। मैंने सबकुछ बताया उसके बारे में। माँ ध्यान से मेरी सारी बात सुनी।

माँ को इससे कोई दिक्कत नहीं था, माँ बिल्कुल राजी थी हमदोनों के भविष्य के लिए। बस हम दोनों को अपने पैरों पर खड़ा होना था।

आज मेरी ज़िंदगी में सब कुछ बिल्कुल अच्छा है। मैं मेडिकल कॉलेज में हूँ जिसके कारण मेरा भविष्य संरक्षित है, एक साथी है जिसके ऊपर माँ-पापा का भी साथ है। अपने जीवन से बहुत कुछ सीखा हूँ।

सही कहते हैं,

जो होता है, अच्छे के लिए होता है।उस दिन के ठीक दो दिन बाद फिर से खुशी का मैसेज आया मेरे पास। पर मैं जब्तक मैसेज देखता तबतक उसने मैसेज डिलीट कर दिया था।

पर फिर भी मैंने रिप्लाइ किया।

"ये क्या डिलीट किया तुमने?"

थोड़ी हिं देर बाद खुशी का भी रिप्लाइ आया।

"आर कुछ नहीं, गलती से चला गया था।"

फिर उसके बाद हमारी बात शुरू हुई। वो मुझसे सवाल पूछते गई और मैं भी जवाब देता गया। और इत्तेफाक ये हुआ की उसका भी घर मेरे हिं शहर में था। थी अनजान, पर अनजान नहीं लग रही थी। ऐसा लग रहा था जैसे किसी अपने से हिं बात कर रहा हूँ।

मैं क्लास में बहुत उदास और अलग अकेले हिं रहता था। व्हाट्सप्प पर भी मैं दुखी-दुखी गाना लगता था स्टेटस (Status) में। तो इन सब को देख कर खुशी ने मुझसे इतना उदास और दुखी रहने का कारण पूछा। मैंने पता नहीं कैसे बिना कुछ सोचे उसके सामने अपन बीता हुआ कल पूरा खोल कर रख दिया। एक-एक बात मैंने बताया उसे। वो भी काफी दुखी हुई मेरी बातें सुन कर। फिर उसके भी जीवन में कुछ परेशानियाँ आई थी, उसने भी मुझे सब कुछ बताया। उसदिन बात करते करते काफी रात हो गई थी और हमे पता भी नहीं चल समय का।

मैं उसे अभी भी पहचानता नहीं था चेहरे से ये बात बताई मैंने उसे। तो उसने मुझे बोला की कल क्लास में वो मुझसे बात करेगी। मैं अब कल के इंतज़ार में था।

पता नहीं मुझे क्या हो गया था। मैं किसी से बात या दोस्ती नहीं करना चाह रहा था। पर खुशी से बात करने के बाद एक अलग हिं एहसास होता था। मैं धीरे-धीरे उसे पसंद करने लगा था, पर मुझे बहुत डर लगता था। मैंने आकाश से बात किया और उससे सारा बात बताया। वो थोड़े देर चुप रहा और फिर उसने मुझे समझाया।

उसने बोला की,

"देख भाई इतना सोंचने या टेंशन लेने का बात नहीं है। अगर वो पसंद है तो भी घबराने का बात नहीं है। पर कुछ भी करना अगर तो अपन बीता हुआ कल का गलती सब ध्यान में रख कर करना।"

मैं खुशी को धीरे-धीरे और पसंद करने लगा था और साथ में उतना हिं डरने भी लगा था। डर इस बात का था की जो मेरे साथ पहले हुआ था कहीं अब वो दुबारा से ना हो जाए। उसदिन के बाद खुशी से रोज हिं बात होती थी।

कुछ दिन बाद मुझे घर जाना था किसी काम से। मैंने उसे बताया की मुझे घर जाना है। खुशी मुझे बोली की वो मुझे कॉल करेगी हॉस्टल पहुच कर 4 बजे। और मुझे भी 4 बजे हिं निकलना था घर के लिए। मैं 3.30 बजे से हिं इंतज़ार करने लगा था उसके कॉल का। 3.45 बजे मैं निकल गया था घर के लिए। कॉलेज से मेरा घर लगभग 100 km दूर था और जाने में ढाई घंटे लगते थी। मैं बस निकला हिं था और खुशी का कॉल आ गया। मुझे इसका हिं बेसब्री से इंतज़ार था। मैं पूरे रास्ते खुशी से बात करता गया। और उससे बात करते करते 100 काम दूर कैसे पहुँच गया मुझे पता भी नहीं चला।

उसदिन कॉल पर बात करने के बाद मैं उसे और ज्यादा पसंद करने लगा था। मैं चाह रहा था उसे अपने अंदर की बात बता देने का पर समझ नहीं आ रहा था की कैसे बताऊँ और एक तरफ मुझे खुद के लिए डर भी लग रहा था।

मेरे दिमाग में मेरे बीते हुए कल से जूरी सारी बातें आ जा रही थी। मैं सोंच रहा था की अगर मेरे साथ फिर से वही हुआ तो फिर मैं क्या करूंगा। मुझे किसी पर भरोसा करने में बहुत डर ;आगत था।

मुझे इस बात पर पुरा विश्वास था की खुशी भी मुझे बहुत पसंद करती है। पर वो सीधे तरीके से मुझे नहीं बोलती थी। रात का समय था, मैं खुशी से चैट कर रहा था। हम दोनों की बातें चल रही थी किसी टॉपिक पर।

बात बात में खुशी बोली।

"लगता है मुझे किसी से प्यार हो गया है।"

ये देखने के बाद मैंने कुछ भी बिना सोचे, जवाब दे दिया।

"हाँ, शायद मुझसे हिं।"

मैंने बिना कुछ सोचे हिं ये मैसेज कर दिया था। वो मैसेज देख तो ली पर कुछ बोल नहीं रही थी। फिर मैंने सोंचा की बस अब बता हिं देता हूँ अपने मन की बातों को। मैंने फिर मैसेज किया,

"खुशी, आई लव यू।"

ये मैसेज करने के बाद मैं एकदम सुन्न हो गया था। खुशी का कुछ भी जवाब नहीं आ रहा था। मुझे लगा की बस अब बात खत्म हिं होने वाली है, पर तभी अचानक खुशी का विडिओ कॉल (Video Call) आ गया। मैं बिल्कुल चौंक गया ये देख कर। मैंने विडिओ कॉल (Video Call) उठाया, और उसका खिलखलाता हुआ चेहरा देखा। मुझे इतना अच्छा लोग की मैं बता भी नहीं सकता शब्दों में। उसमे भी मुझे बताया विडिओ कॉल (Video Call) पर की वो भी मुझसे पसंद करती है। उसने फिर धीरे धीरे मुझे सारी बातें बताईं। वो मुझे दूसरे क्लास से हिं पसंद करने लगी थी जब मैं अपन इन्ट्रोडक्शन (Introduction) देने गया था कॉलेज में। और पहला दिन जो सवाल पूछा था उसने वो भि बस मुझसे बात करने का एक बहाना था।

जब खुशी मेरी ज़िंदगी में आई तब मैं अपने ज़िंदगी के सबसे नीचले दर्जे पर था। जहाँ ना हिं किसी चीज से खुशी मिलती थी और ना हिं किसी चीज से गम। लोग भी मेरे साथ नहीं रहना चाहते थे।

वो ऐसे आई और चंद दिनों में हिं इतने करीब या गई जैसे गुलाब की पंखुरियों पर सुंदर तितलियाँ आ जाती हैं और धीरे-धीरे अस्ताचलगामी सूर्य की तरह खूबसूरत होते चली गई। चंद दिन हिं हुए थे, पर लगता था कितने सालों से जान-पहचान है। कुछ दिनों के हिं बातचीत में दिल की आवाज आई की ये सही इंसान है। और हाँ, दिल की आवाज एक बार गलत हो सकती है, बार बार नहीं। और कुछ चीजों का फैसला दिल पर हिं छोड़ देना चाहिए।

खुशी के आने के बाद मेरे व्यक्तित्व में भी बहुत सारी परिवर्तन आई हैं। मैंने एक बार फिर से हँसना सीख था उसके कारण। एक नई उम्मीद जागी थी। मेरा सब कुछ जानने के बाद भी वो मेरे

साथ थी। मेरी ज़िंदगी को पूरी तरह से बदल के रख दिया उसने। उसके मेरी ज़िंदगी में आने के बाद बहुत अच्छी-अच्छी चीजें हुई मेरे साथ।

कुछ दिनों बाद मैंने सोचा की खुशी के बारे में मैं माँ को बता दूंगा। कॉलेज का छुट्टी था, और मैं घर पर हिं था। मैंने खुशी को मैसेज किया, की मैं सोंच रहा हूँ तुम्हारे बारे में माँ को बताया दूँ। ये बात सुन कर खुशी भी उत्तेजित हो गई। उसने भी मुझे बहुत प्रोत्साहित किया। मुझे बहुत डर लग रहा था माँ को बताने में। पर फिर भी किसी तरह डरते-डरते मैं गया माँ के पास। माँ के पास जाने के बाद मैं चुप-चाप बैठ गया। मुझे समझ नहीं आ रहा था की मैं कैसे बात शुरू करूँ। और डर भी लग रहा था की कहीं माँ गुस्सा ना हो जाए। मुझे वैसे चुप-चाप बैठे देख माँ समझ गई की मैं कुछ बोलना चाह रहा हूँ। माँ बोली मुझे बोलने को।

मैंने बहुत डरते-डरते कहा,

"माँ, कॉलेज में एक लड़की है जिसे मैं पसंद करता हूँ और वो भी मुझे पसंद करती है।"

ये बात सुन कर माँ बहुत जोर से हसने लगी। मैंने ये बिल्कुल भी अपेक्षा नहीं किया था की माँ का ऐसा प्रतिक्रिया होगा मेरे इस बात पर। हँसते-हँसते माँ उसका नाम पूछी। मैंने सबकुछ बताया उसके बारे में। माँ ध्यान से मेरी सारी बात सुनी।

माँ को इससे कोई दिक्कत नहीं था, माँ बिल्कुल राजी थी हमदोनों के भविष्य के लिए। बस हम दोनों को अपने पैरों पर खड़ा होना था।

आज मेरी ज़िंदगी में सब कुछ बिल्कुल अच्छा है। मैं मेडिकल कॉलेज में हूँ जिसके कारण मेरा भविष्य संरक्षित है, एक साथी है जिसके ऊपर माँ-पापा का भी साथ है। अपने जीवन से बहुत कुछ सीखा हूँ।

सही कहते हैं,

जो होता है, अच्छे के लिए होता है।

8

कुछ बातें

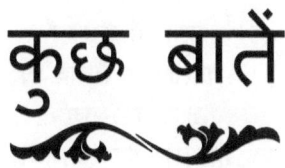

ज़िंदगी काफी अकाल्पनिक है। आपके साथ आने वाले चंद दिनों ये मिनट में क्या होगा आप सींच भी नहीं सकते। बस कुछ इसी तरह का हाल था मेरा भी। खुद को हिं खोओ दिया था मैंने, अपने हिं नज़रों में गिरता चल जा रहा था। ज़िंदगी में कुछ परिस्थितियाँ ऐसी या जाती हैं जो इंसान क व्यक्तित्व और स्वभाव को पूरी तरह से बदल कर रख देती हैं। पर ये गलत है।

वो क्या है न, लोगों ने तो यूँही अंधेरे को बदनाम कर रखा है, ये तो बस रात हिं है जब तारे चमकते हैं और वो कितने खूबसूरत दिखते हैं। छैन से देखने बैठो तो उन तारों की चमक में तुम्हें तुम्हारी मुसकाम नजर आएगी जो तुमसे ये कहेगी की ज़िंदगी बहुत खूबसूरत है, एक बार जी कर तो देखो, एक बार मुस्कुरा कर तो देखो।

इस ज़िंदगी के दौर में एक सही इंसान होना बहुत जरूरी होता है। पर अगर वो इंसान गलत हो तो आप उस ज़िंदगी के दौर में घुटने के बाल गिर जाओगे, अगर शिकस्त नहीं भी चुनोगे तब भी धीरे-धीरे विलीन होते चले जाओगे।

ज़िंदगी में जरूरी नहीं की तुम जैसा चाहो वैसा हो जाए, पर वैसा करने के लिए संघर्ष करना बहुत जरूरी है। वो कहते हैं ना, इच्छाओं के अनुरूप जीने के लिए जुनून होना चाहिए, वरना परिस्थितियाँ तो सदा विपरीत रहती हैं।

और इन सब खेल का राजा है समय। इसके जितना शकतीसाली कोई नहीं। बस हमे समाए और खुद पर विश्वास रखना चाहिए। क्योंकि समय से कोई जीत नहीं सकता। समय पर मैंने कुछ पंक्तियाँ लिखी थी।

आरंभ मैं अनंत मैं,
ज़िंदगी का हूँ अंत मैं।
उतार मैं चढ़ाव मैं,
बढ़ता हुआ शैलाब मैं।
आग मैं सिराग मैं,
हिमालय का हूँ भाग मैं।
बहुत मैं वर्तमान मैं,
विभीषिका का एहसास मैं।
युद्ध मैं संहार मैं,
कलयुग का संसार मैं।
राम मैं रावण मैं,
भोले का वरदान मैं।
स्वर्ग मैं जुज़दान मैं,
परशुराम का स्वाभिमान मैं।
पवित्र मैं प्रचंड मैं,
कुरुक्षेत्र का भूखंड मैं।
नेत्र खोलो, डेको मुझे,
इस सृष्टि का राचाइयता,
समय हूँ मैं।

☙

"ज़िंदगी हमे बहुत कुछ सिखाती है।"
"किसी भी परेशानी से निकलने का रास्ता बस एक इंसान के पास है, और वो हैं हम खुद।"
"जो भी होता है, अच्छे के लिए हिं होता है। हो सकता है उस वक़्त आपको कुछ अच्छा समझ ना आए, पर ज़िंदगी में कभी न कभी आपको एहसास जरूर होगा की जो भी हुआ, अच्छा हुआ।"

www.ingramcontent.com/pod-product-compliance
Lightning Source LLC
LaVergne TN
LVHW092100060526
838201LV00047B/1485
* 9 7 9 8 8 8 5 3 0 9 6 7 7 *